La Idea Central del Sermón

Manual para empezar a predicar la Biblia

Silvio Ernesto Sánchez

Las citas bíblicas están tomadas de la traducción Reina Valera Revisada 1960 a menos que se especifique otra.

Título: *La idea central del sermón. Manual para empezar a predicar la Biblia.*

Autor: Silvio E. Sánchez

Edición y Diseño de Portada: Suly Sánchez

Para contactar al autor, escribir al correo electrónico: palabradevidasc@outlook.com

Indice

"¿Y cómo predicarán si no fueren enviados? Como está escrito: ¡Cuán hermosos son los pies de los que anuncian la paz, de los que anuncian las buenas nuevas!"

Romanos 10:15

Al lector

Queridos hermanos y hermanas:

Lo que van a leer no es un análisis de la Palabra de Dios. Simplemente es una propuesta de cómo organizar un sermón para comunicar con efectividad. Hay muchos puntos de vista acerca de cómo hacer esto y también muchos estilos de predicación. Inclusive muchos especialistas dicen que cada pasaje bíblico requiere un estilo ligeramente distinto, de lo cual el predicador se da cuenta cuando empieza a hacer su estudio.

Yo estoy de acuerdo con todo lo anterior, pero no he escrito este manual para entrar en esas especificidades. Más bien he pensado que quizás usted tiene un llamado a compartir la Palabra y no tiene idea de cómo organizar su mensaje. Eso fue lo que me motivó a escribir; por supuesto, sin dejar de pensar en la profundidad del contenido.

En cuanto a la forma de predicar, me parece que este manual lo puede ayudar mucho a organizar un mensaje sin tener que pensar tanto en la diversidad de estilos. Después de todo, el solo hecho de organizar lo que uno va a exponer es bien difícil. No creo pertinente a estas alturas añadir complejidad a una tarea que en esencia no tiene nada de fácil. Sin embargo, tampoco creo conveniente aconsejarle que se pare frente a los oyentes y empiece a hablar como mejor le parezca. Pienso que el esfuerzo por organizar lo que va a compartir tiene mucho valor espiritual.

Verá también que el capítulo final está compuesto por consejos que van más allá de la organización del mensaje. Son parámetros extraídos de la Biblia, los cuales todos debemos tener en cuenta antes de responder al llamado de predicar. No vale de nada el entusiasmo si no sabemos lo que Dios piensa acerca de lo que estamos a punto de hacer y las exigencias que esto conlleva de parte de Él.

Le deseo que el Señor lo bendiga mucho en esta labor tan sagrada. Si lee varios textos que he escrito, se dará cuenta de que "sagrado" no es una palabra que se repita mucho; pero el concepto es muy importante, porque Dios es santo y quiere que todo lo que hagamos sea en verdad para Él. Le pido encarecidamente que recuerde para quién está trabajando al predicar la Biblia. De seguro Él lo va a bendecir en abundancia espiritualmente si no olvida Su carácter.

Capítulo I:

Introducción

Cuando estaba en la escuela primaria, los maestros a menudo mandaban a redactar párrafos y composiciones de varios párrafos como parte de la asignatura de Español. Era una verdadera odisea para mí y para el resto de mis compañeros escribir algo que técnicamente valiera la pena, ya que no sabíamos organizar lo que íbamos a plasmar en el papel. Los maestros se esforzaban por explicar, pero solo unos pocos estudiantes lograban entregar trabajos que al menos tuvieran sentido. Los errores de ortografía y gramática eran otro punto a examinar, el cual no tendré en cuenta debido al propósito de este manual.

Parece muy duro criticar con tanta rigidez el escrito de un niño de escuela primaria, pero en realidad los maestros no nos pedían que fuésemos escritores profesionales. Simplemente querían leer algo organizado, un texto en el cual ellos pudieran entender de qué estaba hablando el alumno y qué estaba diciendo acerca de ese tema. A menudo apelaban a nuestro sentido común diciéndonos, por ejemplo: "No pueden empezar hablando de la playa y terminar en el cumpleaños de su hermanito." El problema era que a veces entregábamos párrafos como el siguiente:

El sábado fui a la playa con mi familia.
Nos divertimos mucho. Mi hermanito fue

también con nosotros. Su cumpleaños fue el viernes en la tarde. Todos mis amiguitos fueron. Comimos dulces, tomamos refresco y jugamos a ponerle la cola al burro. En la playa también la pasamos bien. Regresamos cansados, pero contentos porque nos divertimos mucho. ¡Qué día más lindo pasé en la playa!

En este caso, notemos que el alumno empezó y terminó con el tema de la playa, como sugerían los maestros, pero no se ve el desarrollo de este tema. No leemos en verdad qué se dice de la playa. Más bien encontramos el tema del cumpleaños del hermanito entorpeciendo la historia principal. Por eso el maestro no podía determinar con claridad de qué se estaba hablando y qué se estaba diciendo acerca de eso. De hecho, aquí vemos que prácticamente se habla más del cumpleaños que de lo que hicieron en la playa.

No es mi intención ridiculizarnos como predicadores comparando nuestros sermones con un mal escrito de un niño de escuela primaria. Sin embargo, si me permiten que me ponga de ejemplo, inclusive en la universidad encontré bien difícil satisfacer las exigencias de mi profesor de Escritura. Él solo quería textos que presentaran un tema y lo desarrollaran, pero yo no hacía más que entregar trabajos que se parecían más a este párrafo de la playa que a algo escrito por un estudiante universitario. Claro que el lenguaje sonaba inclusive sofisticado, pero la organización era pésima. Tan preocupante era el problema que yo ni siquiera entendía por qué el profesor me seguía corrigiendo mis escritos, si eran tan buenos.

Me temo que algo similar hubiese hecho al empezar a predicar si Dios no me hubiese sometido a ciertas experiencias académicas, incluyendo muchos años después el seminario. No tendría palabras para expresar cuán bendecido me sentiría si tan solo pudiera compartir con usted algunas de estas cosas. No lo convertiría en un profesional de la predicación, porque tampoco yo lo soy; pero lo ayudaría a organizar sus propios sermones con relativa facilidad.

Presentemos entonces una posible forma correcta de componer el párrafo de la playa:

> El sábado fui a la playa con mi familia. Nos divertimos mucho. Los mayores conversaron, pero los niños nadamos, jugamos en la arena y disfrutamos el sol del verano. Había muchas personas, pero fue bueno porque hicimos nuevos amigos.

3. *Empezamos a jugar con una pelota y en poco tiempo ya había como diez niños que no conocíamos. Regresamos a casa bien cansados, pero valió la pena porque nos divertimos muchísimo. Ya estoy convenciendo a mis padres para ir de nuevo la próxima semana.*

Todo lo que aquí se habla es de la playa, pero no solo eso es importante señalar; sino que primero se expone el tema, luego se desarrolla y finalmente se concluye de manera que el lector entienda que eso era todo lo que se quería decir. Veamos cada paso:

1. Tema: El sábado fui a la playa con mi familia.
2. Qué se dice del viaje a la playa (Qué sucedió):

- Nos divertimos mucho.
- Los mayores conversaron, pero los niños nadamos, jugamos en la arena y disfrutamos el sol del verano.
- Había muchas personas, pero fue bueno porque hicimos nuevos amigos.
- Empezamos a jugar con una pelota y en poco tiempo ya había como diez niños que no conocíamos.

3. Conclusiones acerca del viaje a la playa:

- Regresamos a casa bien cansados, pero valió la pena porque nos divertimos muchísimo.
- Ya estoy convenciendo a mis padres para ir de nuevo la próxima semana.

Nuestra predicación podría progresar mucho si comprendemos bien estos principios y los ponemos en práctica. En breve podríamos componer sermones simples en cuanto a estructura, pero con un contenido espiritual profundo y una organización casi impecable. Sin duda, quienes escuchen van a entender perfectamente qué tema nos propusimos exponer y qué nos propusimos decir acerca de este tema; de manera que podrán contar a otra persona sin dificultad de qué predicó el pastor y cómo les habló el Señor mediante la prédica.

Por eso el objetivo fundamental del libro es explicar e ilustrar la importancia de la idea central, repasando las maneras en las cuales dicha idea influye considerablemente en la elaboración del sermón. En este proceso, por supuesto que vamos a aprender también cómo componer el sermón completo, pero será evidente a cada paso el papel fundamental que desempeña la idea central. Que el Señor nos bendiga a todos a medida que nos disponemos a interiorizar y aplicar estos conocimientos.

Capítulo 2:

La idea central y el pasaje bíblico

La idea central del sermón debe estar alineada con la idea central del pasaje que vamos a exponer. Si ambas no guardan una relación estrecha, nuestra exposición puede estar destinada al fracaso comunicativo desde el principio. Digo al fracaso comunicativo porque al final el Señor puede hablarles de diferentes maneras a las personas que nos escuchan a pesar de nuestra falta de organización, siempre que no alteremos el mensaje del evangelio y las aplicaciones a la vida cotidiana sean apropiadas. Sin embargo, recordemos que sonaría como el primer párrafo que puse como ejemplo: buena ortografía y redacción, pero trata de desarrollar dos ideas a la vez y ninguna en verdad fluye completamente.

De manera que vale mucho mantener la misma idea central a lo largo del mensaje, pero esto se hace más difícil cuando pasamos de contar lo que sucedió un sábado en la playa cuando éramos niños a exponer la Palabra de Dios. Piense en cuánta confusión podríamos causar en las mentes de quienes nos escuchan si el texto bíblico habla de las tribulaciones de Pablo (2 Corintios 11:22-28) y nosotros terminamos hablando de cómo reprendió el apóstol a los gálatas por dejarse llevar por los falsos maestros.

Ahora, esto no quiere decir que estemos tratando de relacionar pasajes que no guardan relación. En este mismo caso, sucede que Pablo le dice a los gálatas llegando al final de la carta: "De aquí en adelante nadie me cause molestias; porque yo traigo en mi cuerpo las marcas del Señor Jesús" (Gálatas 6:17). Lo más probable es que aquí esté haciendo alusión a los sufrimientos que cuenta en 2 Corintios, pero notemos que no desarrolla el tema. Por eso el versículo podría servir luego para apoyar uno de los puntos principales, pero no para referirnos a él como si formara parte de la idea central.

En efecto, Pablo no les está hablando a los gálatas principalmente de sus tribulaciones. Nos damos cuenta simplemente porque no desarrolla el tema, sino que lo menciona solamente. Una alusión no es suficiente para concluir que se está hablando de un tema, y por ende no es suficiente para adoptar su contenido como la idea central del mensaje.

Gálatas 6 dice que el rumbo y el final de nuestras vidas estarán totalmente de acuerdo con nuestras decisiones a nivel espiritual, y sería ingenuo pensar que Dios va a permitir algo distinto: "No os engañéis; Dios no puede ser burlado: pues todo lo que el hombre sembrare, eso también segará. Porque el que siembra para su carne, de la carne segará corrupción; mas el que siembra para el Espíritu, del

Espíritu segará vida eterna" (versículos 7-8). Dios es santo, y el que no esté en el camino de la santidad está separado de Él, por lo cual no debe esperar terminar en una eternidad con Él. Esto sería burlar Su carácter, lo cual nadie va a lograr jamás.

En los dos versículos siguientes, Pablo pasa entonces a aplicar este principio divino: "No nos cansemos, pues, de hacer bien; porque a su tiempo segaremos, si no desmayamos. Así que, según tengamos oportunidad, hagamos bien a todos, y mayormente a los de la familia de la fe" (versículos 9-10). Si en verdad estamos en el camino de la santidad, de seguro terminaremos en la presencia de Dios para la eternidad, y debemos reflejar esta verdad diariamente haciendo bien a todos, mayormente a la familia de la fe.

El razonamiento que he hecho en los tres párrafos anteriores sería parte de nuestro estudio para entender bien el significado y la aplicación de este pasaje inclusive antes de organizar el sermón. Por supuesto, no debemos olvidar que este tema está subordinado al tema principal de la carta, que es la reprensión de Pablo a los hermanos por dejarse llevar por falsos maestros: "Estoy maravillado de que tan pronto os hayáis alejado del que os llamó por la gracia de Cristo, para seguir un evangelio diferente. No que haya otro, sino que hay algunos que os perturban y quieren pervertir el evangelio de Cristo" (Gálatas 1:6-7).

Queda claro que el capítulo 6 no habla principalmente de las tribulaciones de Pablo, y si forzamos el tema, nuestro sermón se parecería mucho al párrafo de la playa que habla más del cumpleaños. Así es que a la luz del libro entero, este capítulo habla de cómo Pablo se gloría en predicar el mensaje de Cristo a pesar de las tribulaciones, a diferencia de los falsos maestros que han tratado de desviar a los gálatas.

No quiere decir que estaríamos produciendo un mensaje aberrante ni herético si no entendemos esto, simplemente que quienes lo escuchan no sabrán con seguridad de qué trata el mensaje de manera general. No quiere decir que las interpretaciones y las aplicaciones del predicador estén mal, solo que a veces la falta de organización no permite que se entiendan bien. Sin duda, es un problema para cualquier predicador saber que sus mensajes no se pueden entender ni digerir bien por no estar bien concebidos.

Mientras más sencilla y concreta sea la estructura, mayor posibilidad tenemos de ayudar a las personas a crecer, ya que entenderán mejor lo que Dios quiere decirles. No podemos asegurar el resultado espiritual porque eso es producto de la relación de cada uno con el Señor, pero al menos podemos garantizar que fluya la comunicación a nivel intelectual. El resto es la obra del Espíritu Santo, la cual ningún predicador puede manipular.

Pero como mismo señalo la importancia de extraer y presentar bien la idea central, también entiendo que puede adquirir varios matices de acuerdo con el predicador y la manera en que el Señor le esté hablando. La idea central de un pasaje podría entonces lucir de varias maneras, pero siempre debe girar entorno a lo que en verdad dice el pasaje bíblico. Por ejemplo, la idea general de Gálatas 6:7-10 podría adquirir los siguientes matices:

- La siembra y la cosecha
- La carne y el Espíritu
- La vida y la muerte espirituales
- La bendición eterna de Dios
- El andar cristiano

Sin embargo, todos estos matices de idea central para un posible sermón están perfectamente alineados con la idea central del pasaje bíblico, el cual “gira entorno a la ley de la siembra y la cosecha espirituales y nos alienta a andar en el Espíritu viviendo cada día como quien tiene la bendición eterna de Dios, no como quien se dirige al infierno por desobedecerlo." Cualquiera de estas cinco opciones quedaría perfecta como idea central, ya que todas serían buenos intentos de producir un sermón simple y claro, aunque profundo espiritualmente.

Sin duda es mejor presentarlo así que aparecernos con la oración que escribí entre comillas en el párrafo anterior. Creo que así confundiríamos más a quienes nos escuchan. Es una idea bien elaboraba que incluye todos los matices del pasaje, pero sonaría más como un estudio teológico que como un sermón. Por mucho valor que tenga un buen estudio, nunca va a sustituir la simplicidad de un sermón, el cual no por simple tiene que ser superficial teológicamente. Espero poder explicarme bien: para exponer un sermón que alimente a la Iglesia, no es necesario que suene excesivamente teológico; solo es necesario que el contenido sea rico a la vez que lo transmitimos con palabras sencillas.

Por último, quisiera señalar en este capítulo que la idea central se puede exponer en forma de tema, como lo hice en los cinco ejemplos anteriores, o en forma de principio. Un principio es una verdad relacionada con Dios que está presente en el pasaje acerca del cual vamos a predicar y en muchos otros lugares de la Biblia. Si logramos extraer el tema, podremos convertirlo en un principio con relativa facilidad. Veamos cómo se pueden expresar los mismos ejemplos a manera de principios respectivamente:

- Las personas siempre cosechan de Dios lo que siembran espiritualmente.
- Dios quiere que las personas siembren para el Espíritu.
- La vida con Dios depende de nuestro andar con Dios.
- Dios bendice a Sus hijos con la vida eterna.
- Los cristianos debemos andar bajo la guía del Espíritu Santo.

Estas no son las únicas formas de expresar cada tema a manera de principio, pero son ejemplos válidos para comprender de qué se trata el ejercicio. Estos cinco principios se encuentran a lo largo del Nuevo Testamento y son en esencia indiscutibles. Partiendo de ideas generales como estas, podremos componer sermones que giren alrededor de cada una de ellas sin salirnos del tema.

El ejemplo a seguir es siempre el segundo párrafo de escuela primaria que redacté, no el primero. Recordemos que el primero no tiene una idea central clara, sino más bien fluctúa entre dos temas, mientras el segundo se mantiene con el mismo tema de principio a fin. Sin embargo, recordemos también que aunque este párrafo sirve como ejemplo, tiene una gran diferencia con el sermón: en el sermón, la idea central debe alinearse con el tema central del pasaje bíblico, mientras la idea central de un párrafo es la decisión de un ser humano de contar una experiencia cotidiana o su punto de vista acerca de un tema.

Por eso, tengamos cuidado en todo momento de no ser nosotros quienes inventemos la idea central del sermón sin tener en cuenta el pasaje bíblico en cuestión. Estaríamos produciendo un sermón impecablemente organizado, pero completamente desviado de las verdades que Dios nos transmite en Su Palabra. Este es un fracaso espiritual que debemos evitar como ministros llamados por Dios a compartir Su mensaje de salvación, ya que pasaríamos de predicarlo a Él a predicarnos a nosotros mismos.

Capítulo 3:

La idea central
y
los puntos principales

Si tenemos la idea central del texto bíblico y la hemos expresado de manera sencilla, también tenemos entonces la idea central del sermón que vamos a predicar. Ahora nos toca decidir en oración cuáles son los puntos principales que vamos a tocar en este pasaje. Como mismo la idea central se puede expresar en forma de tema, también los puntos pueden ser temas derivados del tema central. Digamos que Dios nos puso en el corazón escoger "El andar cristiano" como forma de expresar el tema principal del pasaje. Esa sería la idea central.

Ahora veremos qué se dice del andar cristiano en estos versículos. Es muy importante que oremos al respecto en lugar de creer que nuestro cerebro prodigioso nos va a ayudar por sí solo a predicar la Palabra del Señor. Algunos lamentablemente lo hacen y obtienen buenos resultados a corto plazo, pero recordemos que la Iglesia necesita escuchar lo que Dios quiere decirle, no lo que nosotros pensamos que es inteligente y útil. Por tanto, asegurémonos de que nuestros sermones salgan en verdad de nuestra relación con Dios y no de nuestro deseo egoísta de predicar bien para nuestra propia gloria.

Hagamos algunas observaciones de lo que dice el texto. En nuestro andar cristiano:

- Sembramos para el Espíritu.
- No sembramos para la carne.
- Segamos vida eterna si sembramos para el Espíritu.
- Segamos corrupción si sembramos para la carne.
- No debemos cansarnos de hacer el bien.
- Si no nos cansamos de hacer el bien, a su tiempo segaremos.
- No debemos desmayar.
- Debemos hacer el bien a todos según tengamos oportunidad.
- Debemos hacer el bien mayormente a los de la familia de la fe.

Una vez que tenemos las observaciones, debemos agruparlas para definir los puntos. Algunas observaciones por lógica pueden ir juntas en una sola o formar parte una de otra, para completar la explicación del mismo punto. Por ejemplo, las cuatro primeras tienen que ver con "la siembra y la cosecha espirituales." Quiere decir que si decidimos que el primer punto sea "Debemos sembrar para el Espíritu," las otras tres observaciones explicarían brevemente qué quiere decir Pablo con esta frase.

Lo mismo podríamos hacer más adelante, ya que todas las demás observaciones tienen que ver con "hacer el bien." Entonces quedaría bien agruparlas todas diciendo: "Debemos hacer el bien." Al igual que en el párrafo anterior, el resto de las observaciones puede ayudarnos a explicar qué quiere decir Pablo con esto de hacer el bien.

En efecto, las cosas que están escritas en la Biblia no quieren decir lo que nosotros pensamos o razonamos en nuestra inteligencia; quieren decir lo que el autor inspirado por Dios quiso decir. Esto nos pone a estudiar seriamente la Palabra y a la vez nos mantiene humildes, ya que no nos permite hacer innovaciones doctrinales solo porque suenen bien o parezcan inteligentes.

Veamos qué tenemos hasta ahora:

Tema: El andar cristiano (Gálatas 6:7-10)

Idea central: En nuestro andar cristiano, debemos sembrar para el Espíritu y hacer el bien.

1. **Debemos sembrar para el Espíritu.**
2. **Debemos hacer el bien.**

Hasta el momento tenemos el esbozo del cuerpo del sermón, aunque todavía es un esqueleto. Ahora nos corresponde añadir la carne a este esqueleto, lo cual haremos explicando los dos puntos principales. Preferiblemente explicamos basados en lo que dice el pasaje, pero a la vez en lo que dice el capítulo entero, el libro en general, todo el

Nuevo Testamento y a veces inclusive la Biblia entera. Esto lo digo no para complicarles las cosas a quienes empiezan, sino para que comprendan la seriedad de nuestra tarea delante de Dios. Pero es necesario empezar poco a poco, sabiendo que no es fácil, pero sin dejarnos estresar por la dificultad. Debemos tener temor de Dios, pero no hay razón para estresarse a la hora de hacer lo que Él nos ha pedido.

Yo explicaría "sembrar para el Espíritu" como sigue:

Pablo explica lo que significa sembrar para el Espíritu comparándolo con lo contrario: sembrar para la carne. Dice que el que hace lo primero recoge (siega) vida eterna, mientras que el que hace lo segundo recoge corrupción. Los falsos maestros estaban sembrando para la carne porque casi habían logrado que los gálatas dejaran de seguir a Jesús en el poder del Espíritu para obedecer la ley de Moisés en el poder de su propia carne. De hecho, Pablo se refiere a esta diferencia en el capítulo anterior (Gálatas 5:16-23).

Explicaría yo entonces lo que significa "hacer el bien" como sigue:

Pablo asocia "hacer el bien" directamente con el concepto de sembrar para el Espíritu. De hecho, vimos en el primer punto que en el capítulo 5 se describe el fruto del Espíritu: "amor, gozo, paz, paciencia, benignidad, bondad, fe, mansedumbre, templanza." Dice el apóstol que no debemos cansarnos de comportarnos así cada vez que tengamos la oportunidad de hacerlo, sobre todo entre nuestros hermanos cristianos. Tan poderoso es el andar en el Espíritu que agrega Pablo acerca de estos buenos comportamientos: "contra tales cosas no hay ley." Ciertamente, la Ley de Moisés por sí sola es incapaz de producir estos frutos.

Ya podemos decir que tenemos el cuerpo de nuestro sermón. Es sencillo en cuanto a palabras, pero profundo en su contenido:

Tema: El andar cristiano (Gálatas 6:7-10)

Idea central: En nuestro andar cristiano, debemos sembrar para el Espíritu y hacer el bien.

1. Debemos sembrar para el Espíritu.

Pablo explica lo que significa sembrar para el Espíritu comparándolo con lo contrario: sembrar para la carne. Dice que el que hace lo primero recoge (siega) vida eterna, mientras que el que hace lo segundo recoge corrupción. Los falsos maestros estaban sembrando para la carne porque casi habían logrado que los gálatas dejaran de seguir a Jesús en el poder del Espíritu para obedecer la ley de Moisés en el poder de su propia carne. De hecho, Pablo les explica esta diferencia en el capítulo anterior (leer cuidadosamente Gálatas 5:16-23). El que deja a Cristo para seguir la Ley produce las obras de la carne, que son corrupción.

2. Debemos hacer el bien.

Pablo asocia "hacer el bien" directamente con el concepto de sembrar para el Espíritu. De hecho, vimos en el capítulo 5:16-23 los frutos del Espíritu: "amor, gozo, paz, paciencia, benignidad, bondad, fe, mansedumbre, templanza." Dice el apóstol que no debemos cansarnos de comportarnos así cada vez que tengamos la oportunidad de hacerlo, sobre todo entre nuestros hermanos cristianos. Tan poderoso es el andar en el Espíritu que agrega Pablo acerca de estos buenos comportamientos: "contra tales cosas no hay ley." Como vimos anteriormente, la Ley de Moisés por sí sola es incapaz de producir estos frutos.

Ya tenemos los dos puntos principales de acuerdo con el pasaje bíblico y de acuerdo con la idea central del mismo. Podemos estar tranquilos porque hasta ahora no corremos el riesgo de haber empezado por la playa y terminar en el cumpleaños de nuestro hermanito. Aunque no lo crean, esta es una gran victoria en la confección del sermón, pues a menudo nos dejamos llevar por las emociones y nos vamos del tema que Dios nos ha puesto en el corazón.

También a veces pensamos que debemos decir ciertas cosas porque son muy importantes, sin darnos cuenta de que pertenecen a un tema distinto. Ya tendremos tiempo como predicadores de compartir ese otro tema con los hermanos y bendecirlos con esas cosas importantes que casi siempre el Señor sí puso en nuestros corazones; solo que son más apropiadas como parte de otro sermón.

Pero en verdad no tiene por qué acabar aquí el desarrollo de los puntos principales. El análisis de lo que explica la Palabra acerca de cada uno sí está completo, pero ahora nos tocaría ilustrar cómo se manifiesta cada uno en un ejemplo de la vida cotidiana. Esto le da vida al sermón y ayuda a los hermanos de la congregación a identificarse con el tema; inclusive hace que la explicación de lo que dice la Escritura sea más fácil de entender. También les da ideas de cómo pueden aplicar estas verdades bíblicas.

Definitivamente, la ilustración es una manera en que Dios puede escoger hablarle a la Iglesia paralelamente al análisis puro de la Palabra. El peligro es pensar que todos estos ejemplos sustituyen a la Palabra. Algunos predicadores hacen sermones tan amenos que terminan hablando de sí mismos y sus experiencias maravillosas, en lugar de exponer la Palabra y apoyar con alguna ilustración. Así surgen las predicaciones que incluyen un par de versículos bíblicos, pero consisten mayormente en palabrería y motivación humanas.

Al final la congregación corre el riesgo de terminar padeciendo de desnutrición espiritual por falta del verdadero alimento, como lo describe Pedro y nosotros hacemos bien en recordar: "Desechando, pues, toda malicia, todo engaño, hipocresía, envidias, y todas las detracciones, desead, como niños recién nacidos, la leche espiritual no adulterada, para que por ella crezcáis para salvación, si es que habéis gustado la benignidad del Señor (1 Pedro 2:1-3). Solo la Palabra nos hace crecer y despojarnos de todos estos pecados. Si permitimos que prevalezca nuestra destreza como predicadores, nuestros hermanos consumirán leche adulterada y no crecerán como Dios quiere.

Capítulo 4:

La idea central

y

La introducción

La introducción de un sermón, como la de cualquier texto oral o escrito, debe anticipar a los oyentes qué van a escuchar. No quiere decir que tengamos la obligación de delinear todas las ideas que vamos a exponer, pero sí es bueno para el cerebro humano prepararse para lo que va a digerir. Así puede seguir el hilo con más facilidad y por ende comprender mejor a medida que se desarrolla el tema. Es decir, la introducción debe reflejar sin equivocación la idea central del sermón.

Es buena idea que el sermón empiece con una ilustración de la vida cotidiana, inclusive antes de decir de qué se va a hablar específicamente. Los creyentes prestan atención a la predicación de la Palabra porque quieren crecer, pero el crecimiento depende de cuánto comprendan lo que se predica; y esta comprensión a menudo depende de la relación que guarda lo que se escucha con la vida cotidiana. De manera que pararnos a exponer un estudio teológico no es buena idea si queremos que el Señor nos use para ayudar a crecer a nuestros hermanos.

Sin embargo, tampoco es buena idea que no exista ningún contenido teológico en la prédica. Estaríamos despojándola de la enseñanza sólida de la cual habla Pedro en el versículo con el cual terminé el capítulo anterior. Quiere decir entonces que es bueno encontrar un balance entre la enseñanza sólida y la relación con la vida cotidiana. Me atrevería a afirmar que este es el objetivo principal de la introducción y de las ilustraciones que contiene.

El predicador hace bien en pensar como maestro, entendiendo que es provechoso enseñar un tema a la vez; y si es muy largo o muy profundo, hace bien en dividirlo en dos o más partes. Esto asegura la buena comunicación y la comprensión de los oyentes, por lo cual posibilita en mayor medida el aprovechamiento espiritual del mensaje por parte de la congregación. Si entendemos estas cosas, podemos empezar a confeccionar la introducción de nuestro sermón.

La idea central es: "En nuestro andar cristiano, debemos sembrar para el Espíritu y hacer el bien." La ilustración se puede basar en cualquiera de los componentes de esta idea, siempre previendo que abarque lo más posible en lugar de centrarse solo en uno de ellos. Por ejemplo, si referimos una historia acerca del andar cristiano de un hermano a quien conocimos hace tiempo, asegurémonos de incluir como contenido fundamental la manera en que sembró para el Espíritu e hizo el bien. No nos permitamos presentar una historia que se centre solo en una parte de la idea central y descarte las demás, ya que la idea central es toda, no simplemente una parte.

Cuidémonos también de introducir desde el principio los conceptos que vamos a presentar en el sermón. Recordemos que estamos tratando de que los oyentes conecten con el tema desde el punto de vista de su vida cotidiana para que después entiendan el valor de las Escrituras a la hora de ayudarlos a crecer y abrirle las puertas a la obra del Espíritu Santo.

No es bueno decir desde el principio: "Mi amigo Juan siempre sembró para el Espíritu e hizo el bien en su andar cristiano." Es pertinente más bien relatar la forma en que vivió Juan para luego utilizar su andar cristiano como ejemplo a seguir, ya que caminó siempre con Dios siguiendo el modelo que nos deja Jesús en la Palabra y escuchando la voz del Espíritu cada día. Esta podría ser una sugerencia para nuestra introducción:

"Mi amigo Juan siempre fue un hombre como otro cualquiera, con virtudes y defectos, que hacía lo mejor que podía para vivir tranquilo, no buscarse problemas ni causar problemas a otros. Pero un día conoció a Jesús y entendió que Dios no se conformaba con su mayor esfuerzo, sino que quería que empezara a vivir para Él. Desde ese día, Juan no solo vivió tranquilo, sino también dejó de hacer cosas que el Señor mismo le puso en el corazón que no eran de Su agrado. No solo dejó de buscarse problemas, sino le empezó a pedir al Señor que lo ayudara a resolver algunos problemas personales. No solo dejó de causar problemas a otros, sino también le pidió al Señor que lo usara para ayudar a otros, sobre todo a sus hermanos de la iglesia."

Quizás esta introducción se quede corta porque no especifica mucho acerca de la vida de Juan antes de conocer a Jesús, de las cosas que dejó de hacer y de la manera en que comenzó a ayudar a los demás. Sin embargo, creo que nos sirve para el propósito de este libro. Todos estos detalles podemos añadirlos cuando confeccionemos los sermones que en verdad vamos a predicar. Inclusive si usted quiere predicar este mismo sermón a manera de práctica, puede pedirle a Dios que lo ayude a personalizarlo en todos los aspectos, incluyendo estos detalles de la introducción.

Tengamos siempre en cuenta la longitud de la introducción y el peso que va a tener en la prédica. Algunos predicadores creen que la ilustración que usan al principio debe ser bien detallada y tomarse su tiempo, prácticamente como una historia que se cuenta desde el púlpito antes de entrar en materia. Así pueden luego establecer el paralelo con la enseñanza bíblica y los hermanos van a entender con claridad el valor que tiene la enseñanza para sus vidas cotidianas.

Otros predicadores inclusive sugieren recordar a los oyentes la ilustración de la introducción a medida que desarrollan los puntos principales. En esta prédica, por ejemplo, esto lo haríamos incluyendo un breve recordatorio en cada punto acerca de los cambios que experimentó Juan al conocer a Jesús. Por supuesto, primero iría la explicación que ya elaboramos según lo que dice la Palabra; acto seguido incluiríamos a Juan. Así los oyentes no olvidan durante la prédica que cada explicación bíblica guarda relación con la vida cotidiana.

Yo no tiendo a hacerlo de esta manera. Claro que por el camino es bueno relacionar la enseñanza bíblica con la vida cotidiana, pero yo me inclino a utilizar consejos generales como "Nosotros también deberíamos pedirle a Dios que nos ayude a hacer estas cosas," o quizás "Esta enseñanza de las Escrituras no es solamente para los creyentes de Galacia, sino también para nosotros hoy."

Pero no acostumbro a interrumpir las explicaciones de la Biblia con ilustraciones demasiado largas. Si son cortas estoy de acuerdo, pero no me gusta desarrollarlas tanto que parezcan el objetivo principal del sermón. El objetivo es que entendamos lo que dice la Palabra y que nos vayamos a casa sabiendo cómo aplicar esta enseñanza a nuestra vida cotidiana, no que recordemos el resto de la semana la historia tan buena que contó el predicador acerca de su amigo Juan.

Claro que el ejemplo de Juan nos puede ayudar a entender cómo aplicar las Escrituras, pero debemos tener cuidado, porque bien podríamos recordar la historia sin las enseñanzas. En ese caso, habremos escuchado el sermón para entretenernos y motivarnos a ser como Juan sin entender por qué; sin entender qué tiene que ver la historia de este buen hombre con lo que dice la Biblia. Es bueno siempre buscar un equilibrio entre la enseñanza bíblica y las ilustraciones de la vida cotidiana, sabiendo que las segundas apoyan las primeras, nunca a la inversa.

Veamos entonces cómo va el sermón después de esta parte del ejercicio, sin dejar de fijarnos en las pequeñas adiciones que hice para aprovechar las reflexiones de este capítulo y para que no hubiese ningún salto de ideas sin un vínculo lógico:

Tema: El andar cristiano (Gálatas 6:7-10)

Introducción: Mi amigo Juan siempre fue un hombre como otro cualquiera, con virtudes y defectos, que hacía lo mejor que podía para vivir tranquilo, no buscarse problemas ni causar problemas a otros. Pero un día conoció a Jesús y entendió que Dios no se conformaba con su mayor esfuerzo, sino que quería que empezara a vivir para Él. Desde ese día, Juan no solo vivió tranquilo, sino también dejó de hacer cosas que el Señor mismo le puso en el corazón que no eran de Su agrado. No solo dejó de buscarse problemas, sino le empezó a pedir al Señor que lo ayudara a resolver algunos problemas personales. No solo dejó de causar problemas a otros, sino también le pidió al Señor que lo usara para ayudar a otros, sobre todo a sus hermanos de la iglesia. En esencia, Juan siempre sembró para el Espíritu e hizo el bien en su andar cristiano.

Idea central: En nuestro andar cristiano, debemos sembrar para el Espíritu y hacer el bien.

1. **Debemos sembrar para el Espíritu.**

Pablo explica lo que significa sembrar para el Espíritu comparándolo con lo contrario: sembrar para la carne. Dice que el que hace lo primero recoge (siega) vida eterna, mientras que el que hace lo segundo recoge corrupción. Los falsos maestros estaban sembrando para la carne porque casi habían logrado que los gálatas dejaran de seguir a Jesús en el poder del Espíritu para obedecer la ley de Moisés en el poder de su propia carne.

De hecho, Pablo les explica esta diferencia en el capítulo anterior (leer cuidadosamente Gálatas 5:16-23). El que deja a Cristo para seguir la Ley produce las obras de la carne, que son corrupción. Recordemos cómo mi amigo Juan dejó de tratar de ser bueno para seguir a Jesús. Esto es lo que debemos hacer nosotros hoy si en verdad queremos sembrar para el Espíritu.

2. Debemos hacer el bien.

Pablo asocia "hacer el bien" directamente con el concepto de sembrar para el Espíritu. De hecho, vimos en el capítulo 5:16-23 los frutos del Espíritu: "amor, gozo, paz, paciencia, benignidad, bondad, fe, mansedumbre, templanza." Dice el apóstol que no debemos cansarnos de comportarnos así cada vez que tengamos la oportunidad de hacerlo, sobre todo entre nuestros hermanos cristianos.

Tan poderoso es el andar en el Espíritu que agrega Pablo acerca de estos buenos comportamientos: "contra tales cosas no hay ley." Como vimos anteriormente, la Ley de Moisés por sí sola es incapaz de producir estos frutos. Por eso es bueno el ejemplo de mi amigo Juan, quien no solo dejó de intentar ser bueno en sus fuerzas, sino también le pidió al Señor que lo ayudara a ayudar a otros, sobre todo a sus hermanos de la iglesia.

Capítulo 5:

La idea central
y
el contexto

El contexto es la parte del estudio y de la exposición que los predicadores con mucha frecuencia nos sentimos tentados a evitar. De hecho, si leemos nuevamente lo que tenemos hasta ahora del sermón, nos daremos cuenta de que en teoría podríamos predicarlo tal cual, sin tener que invertir tiempo ni neuronas en estudiar el contexto.

La verdad, esta es una ardua labor, pues nos pone muchas veces a repasar lo que dice todo el capítulo, todo el libro, todo el Antiguo o el Nuevo Testamento y toda la Biblia en ocasiones. No creo que deba ser todo un estudio teológico, pero sí un análisis a consciencia de cómo la Biblia en general enfoca el tema que estamos abordando.

Sin embargo, tendemos a pensar que si analizamos con cuidado el pasaje en cuestión, de ahí sacaremos todo lo necesario para nuestro sermón, ya que esta Palabra es inspirada y por ende debe ser más que suficiente. Las verdades que ahí se encuentran son incuestionables, ya que fueron inspiradas por Dios mismo.

Lo peligroso acerca de esta manera de pensar es que en parte es cierta. El pasaje que vamos a predicar fue verdaderamente inspirado por el Señor, lo cual hace incuestionables las verdades que expone. Pero no es suficiente con lo que dice este pasaje, porque la Biblia contiene muchos otros pasajes que hablan del mismo tema, los cuales también son inspirados por Dios. Además, entendamos que nosotros podríamos llegar a conclusiones parciales o torcidas si no hacemos un análisis más abarcador.

No es mi objetivo en este manual hacer un estudio acerca de la importancia del contexto, pero sí es necesario tener presente en todo momento que el contexto aclara, expande y define el significado del pasaje que estamos estudiando. En este sentido, dicen los estudiosos de la interpretación bíblica que el contexto es rey. Por eso es tan importante que sirva de apoyo a la idea central del estudio: porque nos ayuda a entender lo que no dice en los pocos versículos que nos hemos propuesto exponer.

También el contexto debe resumir los temas que se abordan en el libro y en el capítulo, precisamente para que los oyentes sepan en qué contexto el autor utiliza el pasaje que están estudiando. Es importante entender que a menudo la idea central que hemos escogido para el sermón bajo la dirección del Señor no es la única idea que desarrolla el autor. No hay que explicarlas todas a profundidad, pero sí conviene mencionarlas a manera de resumen.

Veamos cuáles son los temas que se encuentran alrededor de nuestra idea central:

- Pablo reprende a los gálatas por desviarse del verdadero evangelio, aclarando que quienes los han animado hacer tal cosa están bajo maldición. Ni siquiera él mismo podía predicar otro evangelio, pues el único que es valido lo recibió de Dios a pesar de haber sido anteriormente perseguidor de la Iglesia (Capítulo 1).
- Pablo nunca se sometió a aquellos que tenían reputación de cumplir la Ley en sus propias fuerzas. Precisamente, Cristo lo llamó a predicar el evangelio a los gentiles en libertad, y de ninguna manera volvería a la esclavitud; pues de ser así, la muerte de Cristo hubiese sido en vano. Ahora más bien seguía a Cristo en el poder de Su Espíritu (Capítulo 2).
- Pablo les recuerda a los gálatas que ellos fueron liberados del pecado por la gracia de Dios en Cristo, no por la Ley, por lo cual hacen mal en volver a esta. La Ley no es mala, pero tampoco libera del pecado. Todos los verdaderos creyentes son hechos justos delante de Dios por tener la fe de Abraham, quien siguió a Dios por la fe en Su Palabra antes de la Ley. Ahora la Ley los había conducido a la gracia, pero de ninguna manera debían volver atrás (Capítulo 3).

- Pablo continúa explicando la diferencia diametral entre la esclavitud de la Ley y la libertad de la gracia, aclarando que somos hijos de Abraham según el modelo de Isaac; al contrario del modelo de Ismael, quien fue el hijo de la esclavitud en un sentido alegórico. Los gálatas habían recibido a Pablo con amor, pero ahora lo tenían como enemigo y seguían a aquellos que los querían hacer volver a la esclavitud espiritual de la Ley (Capítulo 4).
- Pablo instruye a los gálatas que si en verdad habían entendido lo que era vivir para Jesús, debían entonces apartarse del pecado y andar en el Espíritu. Así no satisfarían los deseos de la naturaleza pecaminosa. En vez de hacer caso a quienes querían desviarlos, debían acordarse de cómo por el Espíritu fueron librados del pecado y seguir andando en el Espíritu para producir las buenas obras que Dios tenía preparadas para ellos (Capítulo 5).
- Los gálatas debían andar como es digno del evangelio, llevando cada uno su propia carga espiritual al tiempo que también ayudaban a otros a llevar ciertas cargas. En el poder del Espíritu, cada uno debía vivir para Jesús sin compararse con los demás, entendiendo que cada uno iba a

recoger en el futuro lo que sembrara en el presente espiritualmente (Capítulo 6).

Ya tenemos prácticamente resumida la Carta a los Gálatas, y es evidente que este resumen está alineado con la idea central de nuestro sermón: "En nuestro andar cristiano, debemos sembrar para el Espíritu y hacer el bien." Sobre todo en lo que escribimos del capítulo 5 podemos comprobar que estamos hablando de lo mismo. Esto es sumamente importante para asegurarnos de que no nos hemos ido del tema.

Sin embargo, al hacer este resumen encontramos que tenemos demasiada información para compartir con los hermanos durante el sermón. En efecto, nuestro objetivo al predicar no es exponer una explicación teológica del libro en cuestión, sino alimentar a la congregación con los principios y aplicaciones que podemos extraer del pasaje al ser iluminados por el Espíritu Santo. Para alimentarlos necesitamos darles información y ubicarlos bien en el contexto, pero sería desacertado abrumarlos con este análisis.

Si el objetivo es que sepan en qué contexto se encuentra el pasaje que se va a analizar, pues entonces eso mismo debemos hacer: explicarles brevemente dicho contexto en lugar de llenarles la cabeza con todo nuestro estudio. De manera que el resumen anterior es parte de nuestro estudio, pero no vamos a dárselo así a la congregación. Mejor sería resumirlo nuevamente. Como podemos ver, el resumen es una habilidad invaluable.

Si leemos un capítulo de la Biblia y podemos compartirle a otra persona de qué trata en esencia, de acuerdo con los temas del libro, habremos ganado una batalla tremenda: habremos pasado de utilizar el material que elaboró un teólogo o pastor famoso a ser utilizados por el Señor para explicar a otros lo que dice Su Palabra. Nos estaríamos convirtiendo en maestros, y con la ayuda del Señor podríamos inclusive entrenar más adelante a otros maestros compartiendo con ellos lo que el Señor ha puesto en nosotros.

Pero mientras crecemos en este proceso, podemos consultar a estos hermanos a quienes Dios ha dado la bendición de analizar la Palabra a profundidad. Los comentarios son la fuente ideal, aunque para empezar las Biblias de estudio son útiles también. Utilicemos las que explican los pasajes basadas en la gramática y la historia, no las que solamente nos dan aplicaciones. Las aplicaciones son el resultado de la obra del Espíritu Santo a través de nosotros, y si nos hacemos la costumbre de utilizar las que extrajo otro hermano, nunca recibiremos directamente del Señor lo que Él quiere comunicarnos para bendición de la congregación.

En lo que respeta al resumen de un libro y al esbozo de los temas que trata el escritor, es aconsejable leer y compartir con los hermanos lo que dicen algunas biblias antes de empezar el libro como tal. Esta es la lectura que todos nos saltamos cuando vamos a estudiar un libro de la Biblia, y resulta que es precisamente eso lo que nos puede ayudar a entender a grandes rasgos lo que queremos leer.

Antes de llegar profundizar en nuestros estudios bíblicos como estudiantes, tendemos a perdernos entre tantos pasajes; pero este resumen del principio de cada libro nos mantiene centrados en las ideas generales y nos ayuda a interpretar correctamente cada versículo que leamos, pues lo leeremos a la luz del mensaje de todo el libro. Para el propósito de este ejercicio, yo voy a hacer mi propio resumen del contexto basado en los seis puntos anteriores:

En esta carta, el apóstol Pablo les explica a los creyentes de Galacia que no deben volver a la Ley de Moisés después de haber recibido a Cristo. Los que los estaban convenciendo de hacer tal cosa se negaban a conocer al Señor, por lo cual estaban bajo condenación; pero ellos debían disfrutar la libertad del pecado, la cual habían recibido de Dios por la fe en Jesús en el poder de Su Espíritu, y vivir en este poder para producir las buenas obras que son resultado de la presencia de Dios en el creyente.

Ya que tenemos el contexto, estamos entonces en condiciones de introducirlo en el sermón que tenemos bien avanzado para que forme parte de él:

El andar cristiano

(Gálatas 6:7-10)

Introducción

Mi amigo Juan siempre fue un hombre como otro cualquiera, con virtudes y defectos, que hacía lo mejor que podía para vivir tranquilo, no buscarse problemas ni causar problemas a otros. Pero un día conoció a Jesús y entendió que Dios no se conformaba con su mayor esfuerzo, sino que quería que empezara a vivir para Él.

Desde ese día, Juan no solo vivió tranquilo, sino también dejó de hacer cosas que el Señor mismo le puso en el corazón que no eran de Su agrado. No solo dejó de buscarse problemas, sino le empezó a pedir al Señor que lo ayudara a resolver algunos problemas personales. No solo dejó de causar problemas a otros, sino también le pidió al Señor que lo usara para ayudar a otros, sobre todo a sus hermanos de la iglesia. En esencia, Juan siempre sembró para el Espíritu e hizo el bien en su andar cristiano.

Idea central: En nuestro andar cristiano, debemos sembrar para el Espíritu y hacer el bien.

Contexto

En esta carta, el apóstol Pablo les explica a los creyentes de Galacia que no deben volver a la Ley de Moisés después de haber recibido a Cristo. Los que los estaban convenciendo de hacer tal cosa se negaban a conocer al Señor, por lo cual estaban bajo condenación; pero ellos debían disfrutar la libertad del pecado, la cual habían recibido de Dios por la fe en Jesús en el poder de Su Espíritu, y vivir en este poder para producir las buenas obras que son resultado de la presencia de Dios en el creyente.

Idea central: En nuestro andar cristiano, debemos sembrar para el Espíritu y hacer el bien.

1. **Debemos sembrar para el Espíritu.**

Pablo explica lo que significa sembrar para el Espíritu comparándolo con lo contrario: sembrar para la carne. Dice que el que hace lo primero recoge (siega) vida eterna, mientras que el que hace lo segundo recoge corrupción. Los falsos maestros estaban sembrando para la carne porque casi habían logrado que los gálatas dejaran de seguir a Jesús en el poder del Espíritu para obedecer la ley de Moisés en el poder de su propia carne.

De hecho, Pablo les explica esta diferencia en el capítulo anterior (leer cuidadosamente Gálatas 5:16-23). El que deja a Cristo para seguir la Ley produce las obras de la carne, que son corrupción. Recordemos cómo mi amigo Juan dejó de tratar de ser bueno para seguir a Jesús. Esto es lo que debemos hacer nosotros hoy si en verdad queremos sembrar para el Espíritu.

2. Debemos hacer el bien.

Pablo asocia "hacer el bien" directamente con el concepto de sembrar para el Espíritu. De hecho, vimos en el capítulo 5:16-23 los frutos del Espíritu: "amor, gozo, paz, paciencia, benignidad, bondad, fe, mansedumbre, templanza." Dice el apóstol que no debemos cansarnos de comportarnos así cada vez que tengamos la oportunidad de hacerlo, sobre todo entre nuestros hermanos cristianos.

Tan poderoso es el andar en el Espíritu que agrega Pablo acerca de estos buenos comportamientos: "contra tales cosas no hay ley." Como vimos anteriormente, la Ley de Moisés por sí sola es incapaz de producir estos frutos. Por eso es bueno el ejemplo de mi amigo Juan, quien no solo dejó de intentar ser bueno en sus fuerzas, sino también le pidió al Señor que lo ayudara a ayudar a otros, sobre todo a sus hermanos de la iglesia.

Este resumen del contexto tiene sabor a demasiada teología. Sería bueno expresarlo con nuestras propias palabras, de manera conversacional, a la hora de predicar el sermón. En ese caso puede hacerse más largo, por lo cual pueden observar que repetí la idea central antes de entrar en los punto principales. Después de hablar del contexto general, los hermanos podrían olvidar el objetivo específico del sermón.

Por supuesto, esto sería un gran fracaso comunicativo; no al punto de sonar como el párrafo de la playa y el cumpleaños, pero correríamos el riesgo de desviar la atención hacia el libro entero. En verdad, lo que nos interesa del libro entero es que nos ubique en el contexto en el cual se escribió el pasaje que vamos a predicar, no que la prédica esté basada en el libro entero.

Capítulo 6:

La idea central
y
las conclusiones

Existen dos riesgos en potencia a la hora de escribir las conclusiones del sermón: concluir acerca de otro tema y empezar a desarrollar otro tema. Ya sé que parece ilógico que alguno de nosotros haga tal cosa, pero creo que todos nos hemos deslizado sin querer hacia uno de los dos lados. Entendemos que no es apropiado, pero nos cuesta mantenernos alineados hasta el final. Veamos cada uno por separado.

Si las conclusiones tratan un tema distinto del que nos hemos propuesto desarrollar desde el principio, entonces lo más probable es que en algún momento nos hayamos desviado, durante los puntos principales. No creamos que resulta difícil desviarse ni que es obvio cuando nos sucede. Más bien ocurre de manera muy sutil. Nos vamos detrás de una idea que utilizamos como apoyo y de repente la convertimos en el tema principal, pero demasiado tarde, porque ya establecimos el tema principal al inicio.

El otro riesgo es empezar otro tema cuando ya estamos a punto de terminar el sermón. El problema con esto es que no estaríamos marcando bien el fin de nuestra prédica y podríamos confundir a los oyentes en cuanto a la aplicación general. Es decir, no entenderían el final ni sabrían bien qué les aconseja hacer el predicador, basado en la

Palabra de Dios, con respecto al tema espiritual que abordó en su mensaje.

Pero gracias al Señor, siempre hay maneras de simplificar las conclusiones para no perder el hilo. La idea central del sermón debe ser la idea central de las conclusiones. Lo mejor es retomar lo mismo que empezamos a explicar en la introducción, pero a manera de cierre. Así estaremos seguros de concluir lo que empezamos y no una idea secundaria que por accidente desarrollamos demasiado. También evitaremos empezar otro tema nuevo en el momento menos indicado: precisamente a la hora de terminar la prédica.

Mi manera más frecuente de empezar las conclusiones es mencionando la idea central del mensaje. En este caso sería: "Hoy hemos visto que en nuestro andar cristiano, debemos sembrar para el Espíritu y hacer el bien." Pienso que una vez terminada la explicación de cada punto principal, esta es la mejor forma de hacer saber a los oyentes que terminó esa parte y que hemos pasado a concluir el mensaje.

El siguiente paso es la aplicación general, que puede ser una sola o estar dividida en varias ideas; pero todas deben alinearse con el tema de la idea central. Como dije anteriormente, es bueno terminar apoyándonos nuevamente en la ilustración de mi amigo Juan. Así la prédica tiene más coherencia. No sería solamente una exhortación para el pueblo de Dios, sino tendría también el valor especial del ejemplo de la vida cotidiana. Pero la exhortación no puede faltar, porque no queremos cerrar sin dejarles a los hermanos una tarea para la semana entrante en su andar con Cristo. Yo concluiría entonces este mensaje como sigue:

"Recordemos lo bien que entendió mi amigo Juan estos principios bíblicos y cómo los reflejó en su andar cristiano. No se convirtió simplemente en una mejor persona que hace el bien, sino le entregó su vida al Señor Jesús y le pidió que lo ayudara a vivir para Él en lugar de para sí mismo. En otras palabras, se hizo el firme propósito de sembrar para el Espíritu. Por mucho que quisiera hacer el bien, comprendió que si no sembraba para el Espíritu terminaría haciendo las obras de su propia naturaleza pecaminosa. Hagamos nosotros lo mismo que Juan si en verdad hemos recibido a Jesús como Señor y Salvador. Si aun no lo hemos hecho, tenemos hoy la oportunidad de dar ese paso de fe, lo cual solo sucede como resultado de la obra del Espíritu Santo en nuestros corazones. Y una vez que hayamos tomado esa decisión, debemos proponernos firmemente sembrar para el Espíritu y hacer el bien. De esto se trata el andar cristiano."

Fíjese que al final he añadido una invitación a recibir al Señor. Hay muchas opiniones al respecto: algunos predicadores piensan que eso no debe faltar al final de un mensaje, otros dicen que depende del contenido del mensaje y de los oyentes, mientras un tercer grupo asegura que el Señor va a redargüir los corazones de los no creyentes sin que nosotros tengamos siempre que hacer esta invitación. Quizás piensen que suena demasiado forzado este llamado, cuando ya como pastores tenemos una idea de quién es verdaderamente seguidor de Jesús y quién no.

Yo estoy de acuerdo parcialmente con todos, dependiendo de la situación. Solo incluí este llamado para que sirva de ejemplo a aquellos que empiezan a predicar, a quienes va dirigido este manual. Estoy seguro de que Dios mismo los va a guiar a hacer lo correcto en cada momento, pero insisto en presentarles varias posibilidades para que no carezcan de recursos a la hora de prepararse. Sin más, leamos el sermón terminado:

El andar cristiano

(Gálatas 6:7-10)

Introducción

Mi amigo Juan siempre fue un hombre como otro cualquiera, con virtudes y defectos, que hacía lo mejor que podía para vivir tranquilo, no buscarse problemas ni causar problemas a otros. Pero un día conoció a Jesús y entendió que Dios no se conformaba con su mayor esfuerzo, sino que quería que empezara a vivir para Él.

Desde ese día, Juan no solo vivió tranquilo, sino también dejó de hacer cosas que el Señor mismo le puso en el corazón que no eran de Su agrado. No solo dejó de buscarse problemas, sino le empezó a pedir al Señor que lo ayudara a resolver algunos problemas personales. No solo dejó de causar problemas a otros, sino también le pidió al Señor que lo usara para ayudar a otros, sobre todo a sus hermanos de la iglesia. En esencia, Juan siempre sembró para el Espíritu e hizo el bien en su andar cristiano.

Idea central: En nuestro andar cristiano, debemos sembrar para el Espíritu y hacer el bien.

Contexto

En esta carta, el apóstol Pablo les explica a los creyentes de Galacia que no deben volver a la Ley de Moisés después de haber recibido a Cristo. Los que los estaban convenciendo de hacer tal cosa se negaban a conocer al Señor, por lo cual estaban bajo condenación; pero ellos debían disfrutar la libertad del pecado, la cual habían recibido de Dios por la fe en Jesús en el poder de Su Espíritu, y vivir en este poder para producir las buenas obras que son resultado de la presencia de Dios en el creyente.

Idea central: En nuestro andar cristiano, debemos sembrar para el Espíritu y hacer el bien.

1. Debemos sembrar para el Espíritu.

Pablo explica lo que significa sembrar para el Espíritu comparándolo con lo contrario: sembrar para la carne. Dice que el que hace lo primero recoge (siega) vida eterna, mientras que el que hace lo segundo recoge corrupción. Los falsos maestros estaban sembrando para la carne porque casi habían logrado que los gálatas dejaran de seguir a Jesús en el poder del Espíritu para obedecer la ley de Moisés en el poder de su propia carne.

De hecho, Pablo les explica esta diferencia en el capítulo anterior (leer cuidadosamente Gálatas 5:16-23). El que deja a Cristo para seguir la Ley produce las obras de la carne, que son corrupción. Recordemos cómo mi amigo Juan dejó de tratar de ser bueno para seguir a Jesús. Esto es lo que debemos hacer nosotros hoy si en verdad queremos sembrar para el Espíritu.

2. Debemos hacer el bien.

Pablo asocia "hacer el bien" directamente con el concepto de sembrar para el Espíritu. De hecho, vimos en el capítulo 5:16-23 los frutos del Espíritu: "amor, gozo, paz, paciencia, benignidad, bondad, fe, mansedumbre, templanza." Dice el apóstol que no debemos cansarnos de comportarnos así cada vez que tengamos la oportunidad de hacerlo, sobre todo entre nuestros hermanos cristianos.

Tan poderoso es el andar en el Espíritu que agrega Pablo acerca de estos buenos comportamientos: "contra tales cosas no hay ley." Como vimos anteriormente, la Ley de Moisés por sí sola es incapaz de producir estos frutos. Por eso es bueno el ejemplo de mi amigo Juan, quien no solo dejó de intentar ser bueno en sus fuerzas, sino también le pidió al Señor que lo ayudara a ayudar a otros, sobre todo a sus hermanos de la iglesia.

Conclusiones

Recordemos lo bien que entendió mi amigo Juan estos principios bíblicos y cómo los reflejó en su andar cristiano. No se convirtió simplemente en una mejor persona que hace el bien, sino le entregó su vida al Señor Jesús y le pidió que lo ayudara a vivir para Él en lugar de para sí mismo. En otras palabras, se hizo el firme propósito de sembrar para el Espíritu. Por mucho que quisiera hacer el bien, comprendió que si no sembraba para el Espíritu terminaría haciendo las obras de su propia naturaleza pecaminosa.

Hagamos nosotros lo mismo que Juan si en verdad hemos recibido a Jesús como Señor y Salvador. Si aun no lo hemos hecho, tenemos hoy la oportunidad de dar ese paso de fe, lo cual solo sucede como resultado de la obra del Espíritu Santo en nuestros corazones. Y una vez que hayamos tomado esa decisión, debemos proponernos firmemente sembrar para el Espíritu y hacer el bien. De esto se trata **el andar cristiano**.

Capítulo 7:

Consejos generales

Quisiera que usted tomara como consejo el contenido de este capítulo, ya que de ninguna manera yo voy a ser capaz de comprobar cómo se desarrolla su ministerio, ni me corresponde tampoco inmiscuirme en esos asuntos (ver 1 Corintios 3:10-15). Sin embargo, si le estoy aconsejando cómo componer un sermón para empezar a predicar, creo que asimismo hago bien en señalarle algunos principios y pasajes bíblicos que un predicador de la Palabra debe tener presentes antes de dar el paso de servirle al Señor en este ministerio.

1. **Asegúrese de que en verdad le ha entregado toda su vida a Jesús:** *"Entonces Jesús dijo a sus discípulos: Si alguno quiere venir en pos de mí, niéguese a sí mismo, y tome su cruz, y sígame. Porque todo el que quiera salvar su vida, la perderá; y todo el que pierda su vida por causa de mí, la hallará. Porque ¿qué aprovechará al hombre, si ganare todo el mundo, y perdiere su alma? ¿O qué recompensa dará el hombre por su alma?* (Mateo 16:24-26)"

De más está decir que no existe cristiano que no se haya negado a sí mismo para seguir al Señor. Entregarle nuestra vida a Él significa que ya no es de nosotros. Si no hemos hecho esto, no somos Sus discípulos. Sin embargo, existen predicadores que no han dado este paso, lo cual quiere decir que no son cristianos. Puede que lleven mucho tiempo en la iglesia local, pero en realidad viven para sí mismos y conocen la Biblia a nivel intelectual, no a nivel espiritual.

Así no podemos aventurarnos a predicar la Palabra de Dios. Precisamente es esa negación completa a nosotros mismos lo que debemos predicar, y si a nosotros no nos ha sucedido esto en el poder del Espíritu Santo, estaríamos engañando a muchas personas en lugar de presentarles al Jesús que se negó a sí mismo para servir y luego morir en la cruz (ver Juan 13:14, Isaías 53:7). Si nuestra vida no está alineada con la vida de Jesús, entonces no somos Sus discípulos y por tanto no tenemos autoridad espiritual para predicar Su Palabra.

Así es que si aun no ha perdido su vida para que pertenezca a Jesús, lo invito a que lo haga en este mismo momento. El Padre lo está esperando con los brazos abiertos para celebrar el acontecimiento, y toda una Iglesia a nivel mundial está deseosa de recibirlo como parte de la familia, como hermano en Cristo. A partir de este momento, Él le comunicará en Su momento y a Su manera qué debe hacer para Él, cómo quiere que le sirva.

Note que lo único que usted le puede dar al Señor es su propia alma. Él no acepta otra cosa. No hay manera de darle nada a cambio del perdón de pecados que Jesús ganó a nuestro favor al morir y la vida eterna que nos asegura con Su resurrección, con Su Espíritu viviendo en nosotros como garantía de todo lo anterior. Sé que suena duro, pero no lo es. Sé que estamos hablando de entregar nuestra propia alma, pero el detalle importante es a quién se la entregamos: a aquel a quien le pertenece por derecho, pues nos creó, nosotros le fallamos y ahora nos ofrece convertirnos en una nueva creación para la gloria de Su Nombre.

2. **Asegúrese de que el Señor en verdad lo ha llamado a predicar:** *"Hermanos míos, no os hagáis maestros muchos de vosotros, sabiendo que recibiremos mayor condenación. Porque todos ofendemos muchas veces. Si alguno no ofende en palabra, este es varón perfecto, capaz también de refrenar todo el cuerpo"* (Santiago 3:1-2).

Vivimos engañados si pensamos que muchas personas nos ofenden, pero nosotros no ofendemos a nadie. Por causa de nuestra naturaleza pecaminosa, el egoísmo que tenemos nos lleva a maltratar a otros de palabra o simplemente a hablar demasiado, creyendo que lo que queremos decir es lo más importante del mundo y que somos los únicos que dominamos ciertos temas. Dice Santiago que el que refrena la lengua tiene la virtud de refrenar todo el cuerpo; lo cual expresa dominio propio, una de las obras del Espíritu Santo en nuestras vidas. Esto es vital para un predicador de la Palabra de Dios, porque si él mismo no es así, no podrá predicarles a otros que deben ser transformados a la imagen de Jesús en esta área de sus vidas.

Si no hemos llegado a quitarnos de encima esa costumbre de ser siempre el que habla y el que sabe, al menos reconozcámoslo y empecemos a tomar el camino de la cruz en ese aspecto. No vale de nada reconocerlo y no aplicarle la cruz, pues pasaremos todo el tiempo reconociendo delante de muchos que hablamos demasiado, pero años después seguiremos reconociéndolo sin haber sido transformado. Ese no es el ejemplo que Dios busca en Sus siervos.

Claro que Santiago habla a los destinatarios de su carta específicamente: "*no os hagáis maestros muchos de vosotros.*" Quiere decir que en esencia él no recomendaba que muchos de estos hermanos se hicieran maestros de la Palabra. No hablaba de otros hermanos de otros lugares. Al parecer este problema no estaba generalizado.

Sin embargo, el principio nos queda y debemos tomarlo: cualquiera de nosotros puede estar o caer en el estado espiritual en el cual se encontraban estos hermanos. Por eso debemos pedirle a Dios que nos revele si tenemos este tipo de tarea pendiente, como le pidió David de una manera más general: "Examíname, oh Dios, y conoce mi corazón; pruébame y conoce mis pensamientos; y ve si hay en mí camino de perversidad, y guíame en el camino eterno" (Salmo 139:23-24).

También hay un detalle que se hace obvio en este pasaje: Santiago está hablando de los maestros, no de los predicadores. Sin embargo, aceptemos de una vez que un predicador no es solamente alguien que se para detrás del púlpito, explica qué dice la Biblia y cómo aplicarla y luego se va a casa. Al explicar estas cosas, el predicador también está enseñando la Palabra, lo cual lo convierte de cierta manera en maestro.

Hay diferencias técnicamente, pero al final ambos predicamos y enseñamos, ya que es imposible hacer una de las dos cosas excluyendo la otra. Por ejemplo, yo soy maestro, pero predico muchísimo, y entiendo que debo hacerlo aun cuando estoy dirigiendo un estudio. Debemos entender entonces que el Señor nos va a juzgar con más fuerza, así es que no tomemos sobre nuestros hombros este ministerio si en verdad no hemos recibido el llamado. La mejor manera de honrar al Señor es llevar a cabo lo que Él nos ha ordenado; no aventurarnos en algo honroso, pero que Él no nos ha pedido que hagamos.

3. **Asegúrese de estar preparado teológicamente:** *"Procura con diligencia presentarte a Dios aprobado, como obrero que no tiene de qué avergonzarse, que usa bien la palabra de verdad"* (2 Timoteo 2:15).

Si el pastor no cuida su vida espiritual, un día tendrá mucho de qué avergonzarse. Estoy seguro de que Pablo le enseñó eso a Timoteo, pero también estoy seguro de que no es eso lo que quiso decir el apóstol específicamente en este versículo. Estaba hablando acerca del uso correcto de la Palabra de Dios en el ministerio, lo cual le recuerda a Timoteo en el próximo capítulo de la misma carta: "Toda la Escritura es inspirada por Dios, y útil para enseñar, para redargüir, para corregir, para instruir en justicia, a fin de que el hombre de Dios sea perfecto, enteramente preparado para toda buena obra" (2 Timoteo 3:16-17).

Para que el predicador sea capaz de hacer estas cosas con la Palabra, es necesario que la conozca bien. Y esto es muy importante: no quiere decir que conozca muchos versículos ni pasajes enteros de memoria; quiere decir que "*usa bien la palabra de verdad.*" Saber de memoria y usar bien pueden ser dos cosas diametralmente opuestas teológicamente, ya que alguien que se sabe la Biblia de memoria puede muy bien inventar las mayores herejías de este mundo, porque no usa bien lo que sabe.

No quiero decir con esto que este tenga que ir al mejor seminario, invertir mucho dinero ni tener un gran título académico. Quiero decir que debe conocer la Palabra a profundidad y manejarla correctamente. Es necesario estudiarla como un todo, entendiendo la relación que guarda un pasaje con otros y aceptando que no siempre quieren decir lo que nosotros creemos. Para eso es clave leer el contexto completo, ayudarse con la historia y entender que cada manera de escribir requiere una técnica de interpretación distinta.

Si no estamos bien preparados teológicamente, de seguro tendremos de qué avergonzarnos; no porque hayamos caído en pecado, sino porque no usamos bien "la palabra de verdad." No creo que el Señor nos pida más de lo que Él mismo nos ha dado hasta el momento, pero sí nos pide que aprendamos cada día más. Es inaudito que un pastor del pueblo de Dios piense que ya lo sabe todo.

Pablo mismo dijo: "¡Oh profundidad de las riquezas de la sabiduría y de la ciencia de Dios! ¡Cuán insondables son sus juicios, e inescrutables sus caminos! Porque ¿quién entendió la mente del Señor? ¿O quién fue su consejero? ¿O quién le dio a él primero, para que le fuese recompensado? Porque de él, y por él, y para él, son todas las cosas. A él sea la gloria por los siglos. Amén" (Romanos 11:33-36). Por eso pienso que debemos estudiar para saber más, no para saberlo todo. El conocimiento de la Palabra es el conocimiento de Dios mismo, el cual es infinito.

4. **Asegúrese de andar siempre en el Espíritu:** *"Digo, pues: Andad en el Espíritu, y no satisfagáis los deseos de la carne"* (Gálatas 5:16).

El diablo, el mundo y nuestra propia carne nos ponen en peligro diariamente de caer en pecado. En este caso, Pablo se refiere al tercer peligro: la carne; o sea, nuestros propios deseos pecaminosos. Creo que en cada uno de mis escritos incluyo una referencia a este pasaje, con mayor o menor peso dependiendo del tema general que esté tratando. El problema es la facilidad con la cual culpamos al diablo y al mundo de nuestros pecados, y lo mucho que nos cuesta admitir que también nosotros podemos caer sin que nadie más nos tiente. Resulta que después de la caída de Adán y Eva, ya no tenemos que ir a buscar el pecado a ningún lugar, porque ahora está en nosotros.

Traigo este consejo porque todos los días se cuentan historias de pastores que pecaron y arrastraron a otros; o destruyeron sus vidas privadas, familias y ministerios. El diablo siempre va a aprovechar estos ejemplos de fracaso espiritual para sobresalir y tratar de ensuciar el nombre del Señor y Su Iglesia. Sabemos que eso no puede suceder, ya que Él es santo y Su Iglesia es limpia por la sangre de Su Hijo, pero aun así logra causar tropiezo a más de dos o tres personas.

No obstante, reconozcamos que el pecado empieza cuando el ministro deja de andar en el Espíritu. Reconozcamos que el próximo paso es empezar a satisfacer los deseos de nuestra naturaleza pecaminosa. Si creemos que existe otra consecuencia alternativa cuando dejamos de andar en el Espíritu, estamos completamente equivocados. Solo tenemos dos opciones: andar con Dios o con nosotros mismos, en cuyo caso estamos bajo el dominio del diablo e influenciados por el mundo. Entonces empezaríamos a predicar en nuestra propia sabiduría y en pos de nuestros propios intereses. Puede que hasta ese momento aun no hayamos caído en un pecado visible, pero creo que esto es suficiente deshonor al Señor y al ministerio que nos ha dado.

Nota final

Le pido al Señor que este manual bendiga a muchos hermanos que tienen el llamado a predicar, pero no han podido hacerlo hasta el momento porque no están seguros de cómo empezar. También yo veía a muchos predicadores organizar sus mensajes de una forma que se entendía muy bien y me preguntaba si algún día sería capaz de hacerlo.

Pues no domino esa diversidad de estilos de predicación, pero al menos puedo componer lo que el Señor ha puesto en mi corazón sabiendo que quienes lo escuchen lo van a comprender. Y si comprenden ya he logrado gran parte de mi objetivo. Lo demás es la obra del Espíritu en los corazones, lo cual yo soy incapaz de controlar.

Espero que comprendan que no pretendo ofender al hablar de lo difícil que resulta organizar un sermón, ya que en verdad lo es. Espero que comprendan que no incluí el ejemplo del niño de escuela primaria para explicar de manera fácil el procedimiento para llevar a cabo algo tan complejo. Espero que el último capítulo nos ponga a pensar a todos para que le seamos siempre fiel al Dios que sacrificó a Su Hijo y nos dio a Su Espíritu.

¡Bendiciones a todos!

www.ingramcontent.com/pod-product-compliance
Lightning Source LLC
LaVergne TN
LVHW010119170826
845678LV00012B/2500

* 9 7 9 8 8 4 7 7 1 9 8 3 4 *